Sie sind glibberig, giftig und ziehen lautlos durchs Meer.

Inhalt

Das gibt es alles zu entdecken!

Sag mal …

Theo, 8 Jahre

»Kann man Quallen essen?«

»Ja. In Asien isst man sie schon seit Hunderten Jahren. Und Seevögel, Fische und Schildkröten sind sowieso längst auf den Geschmack gekommen.«

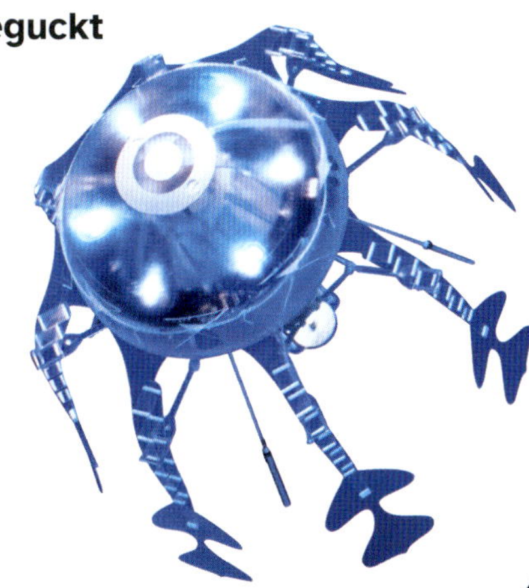

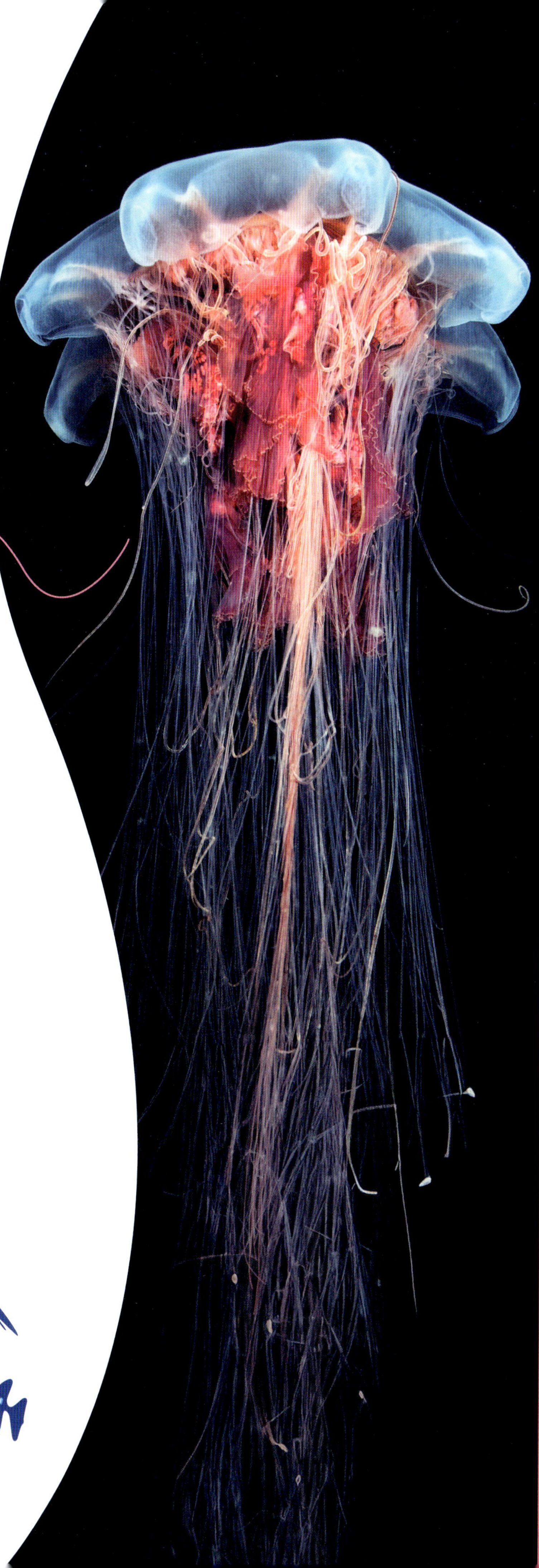

Abgetaucht!

Ein Treffen mit der Kronenqualle

In der Tiefe des Trondheimfjords in Norwegen ist es stockdunkel. Uli und Floh schalten ihre hellen Tauchlampen ein. Die beiden sind Forschungstaucher und wollen ein besonderes Tier beobachten. Das Wasser hat hier unten nur acht Grad Celsius!

Auf Quallensuche

Die Lichtstrahlen beleuchten jetzt große Felsen und einen steil abfallenden Hang. Plötzlich zeigt Floh auf einen roten Fleck, der den beiden Tauchern in der Strömung entgegenkommt. Es ist eine knallrote Qualle mit zwölf Tentakeln! Uli und Floh haben die Kronenqualle gefunden. Sie meidet das Licht und lebt in tieferem Wasser überall auf der Welt, teilweise mehrere Kilometer tief. Manche Fjorde in Norwegen haben häufig eine Schicht aus trübem Wasser an der Oberfläche. In der Dunkelheit darunter fühlt sich die Kronenqualle wohl.

Gefräßiges Glibbertier

Seit einigen Jahrzehnten vermehrt sich die Kronenqualle in den Fjorden Norwegens sehr stark. Das hat leider schon zu großen Problemen geführt. Die Quallenschwärme fressen zum Beispiel Fischeier und junge Fische, aber auch das Futter dieser Babyfische: kleine Krebstiere. So verändert sich der gesamte Lebensraum in diesen Fjorden.

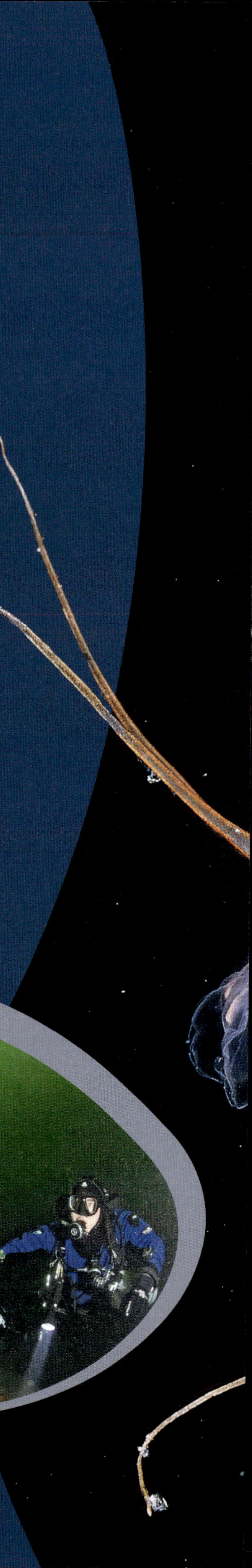

WASSERDICHT
Uli und Floh tragen bei ihrem Tauchgang einen Trocken-Tauchanzug und einen dicken Unterzieher, der sie warmhält.

Im Dunkeln funkeln

Was Floh und Uli im hellen Licht ihrer Tauchlampen nicht sehen können, ist das Leuchten der Kronenqualle. Sie kann in ihrem Körper bläuliches Licht erzeugen und damit verschiedene Muster bilden. Dieses Leuchten wird auch Biolumineszenz genannt.

AHA

Die Superwaffe

Winzig, aber wirksam

Quallen gleiten langsam mit der Strömung durch die Ozeane. Sie sind nicht stark, haben keine Zähne und keine Klauen – dafür aber eine einzigartige Waffe. Die setzen sie zur Jagd und zur Verteidigung ein.

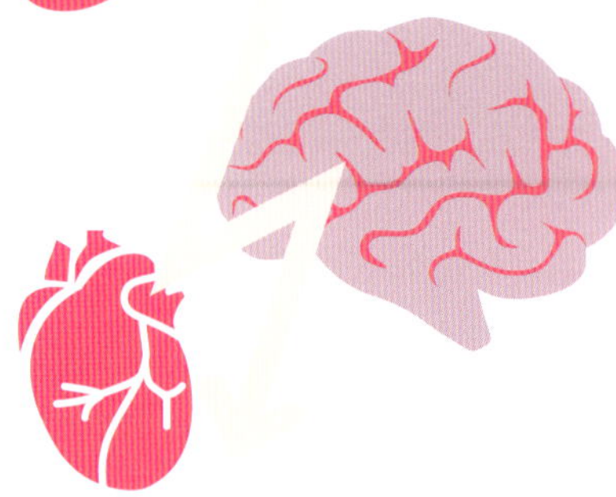

GIFTIGER COCKTAIL
Manche Quallen setzen Gift ein, das auf das Nervensystem wirkt. Andere stören mit ihrem Gift das Herz und damit den Kreislauf ihrer Beute.

Wie fangen Quallen ihre Beute?

Wenn du schon einmal an der Nord- oder Ostsee schwimmen warst, hast du sicher eine Feuerqualle gesehen. Oder sogar schon einmal gespürt? Das kann ganz schön brennen! Quallen haben zwar keine Stacheln. Hat es jemanden erwischt, spricht man trotzdem von einem Quallenstich.
In der Haut der Qualle verbergen sich Abertausende giftige Nesselzellen. Bei Berührung lösen sie wie winzige Feuerwerkskörper explosionsartig aus. Auf diese Weise lähmen oder töten Quallen ihre Beute, zum Beispiel kleine Fische oder winzige Krebse. In den langen Tentakeln, die am Quallenkörper hängen, sind die Nesselzellen besonders häufig zu finden.

Wie funktioniert die Nesselzelle?

Nesselzellen sind wenige Mikrometer groß, also nur ein paar Tausendstel eines Millimeters! In jeder befindet sich eine winzige Kapsel. Sie enthält einen Schlauch, der wie eine umgedrehte Socke nach innen gestülpt ist.
Wird die Nesselzelle berührt, stülpt sich dieser Schlauch in weniger als einer Sekunde nach außen. Er durchstößt mithilfe von messerartigen Klingen die Haut der Beute und setzt das Gift frei. Das Ganze passiert mit hoher Geschwindigkeit. Es ist eine der schnellsten Bewegungen im Tierreich!

Ein Nesseldieb!

Manche Tiere lassen sich vom Gift der Quallen nicht beeindrucken. Im Gegenteil, sie fressen sie sogar! Einige Nacktschnecken schaffen es, die Nesselzellen der Quallen dann in ihre eigene Haut einzubauen und selbst zur Verteidigung zu nutzen. Praktisch!

Super Fakten

1 ***Extrem viele***
In einer Qualle können **mehrere Millionen Nesselzellen** sitzen!

2 ***Schlagkräftig***
Bei manchen Quallenarten sind die **Giftschläuche deutlich länger** als bei anderen. Sie können auch **unsere Haut durchdringen** und nesseln schmerzhaft.

3 ***Erholung nötig!***
Die **Nesselzellen** müssen sich nach einem Angriff **neu bilden.**

VORSICHT, TENTAKEL
Die giftigen Fangarme können sehr lang sein. Ansammlungen von Nesselzellen in den Tentakeln werden Batterien genannt.

Was schwimmt denn da?

Hä?! Ein Spiegelei im Meer? Quallen gibt es in den verrücktesten Größen, Farben und Formen.

SPIEGELEI UND DISCOKUGEL
Im Ozean treiben winzig kleine Geleezwerge und mächtige Glibberriesen. Manche Quallen sehen aus wie Gespenster mit langen Nachthemden. Andere leuchten wie Discokugeln oder erinnern an leckeren rosa Wackelpudding.
Woher die Spiegelei-Qualle ihren Namen hat, sieht man auf den ersten Blick. Sie lebt im Mittelmeer. Ihr Gift ist für uns Menschen harmlos.

Mehr als Glibber

Ohne Hirn, Herz und Blut

Quallen sehen zwar unterschiedlich aus, haben aber alle den gleichen Körperbau. Der ist sehr einfach, funktioniert aber schon seit Hunderten Millionen von Jahren. Denn so lange gibt es Quallen schon! Und in der gesamten Zeit haben sie nicht einmal ein Gehirn gebraucht.

GANZ GEMÜTLICH
Nur 1 Prozent des Quallenkörpers besteht aus Muskeln. Das reicht aber, um sich langsam fortzubewegen. Dafür zieht die Qualle ihre Muskeln zusammen 1 und lässt sie danach wieder locker 2.

Vorne oder hinten?

Vorne und hinten würde man bei einer Qualle nicht sagen, eher oben und unten. Das Tier ähnelt einem Schirm, an dessen Seiten lange Fäden befestigt sind: die Tentakel. Der Schirm ist unterschiedlich dick und gefüllt mit einer Masse, die sich ungefähr so anfühlt wie Wackelpudding. Sie besteht fast nur aus Wasser.
Auf der Unterseite befindet sich die Mundöffnung, die in den Magenraum führt. Sie ist auch gleichzeitig der Po der Qualle. Unverdauliche Futterreste werden also durch die gleiche Öffnung wieder ausgeschieden, durch die sie hineingekommen sind. Klingt für uns komisch, ist aber bei Quallen völlig normal!

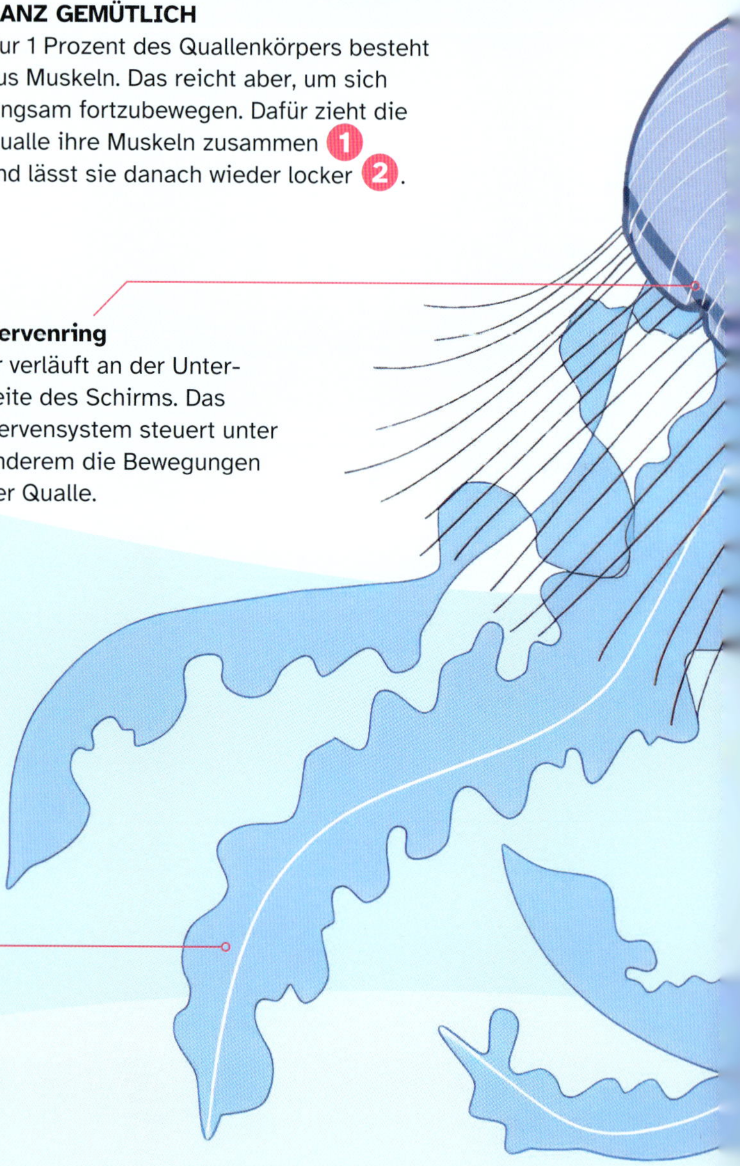

Nervenring
Er verläuft an der Unterseite des Schirms. Das Nervensystem steuert unter anderem die Bewegungen der Qualle.

Mundarme
Sie werden zum Fangen der Beute eingesetzt.

Wieso eigentlich Qualle?

Die Bezeichnung kommt vermutlich vom Wort quellen – Quallen sehen ja irgendwie auch aufgequollen aus. In der englischen Sprache heißen sie übrigens *jellyfish*. Im Französischen heißt eine Qualle *méduse*.

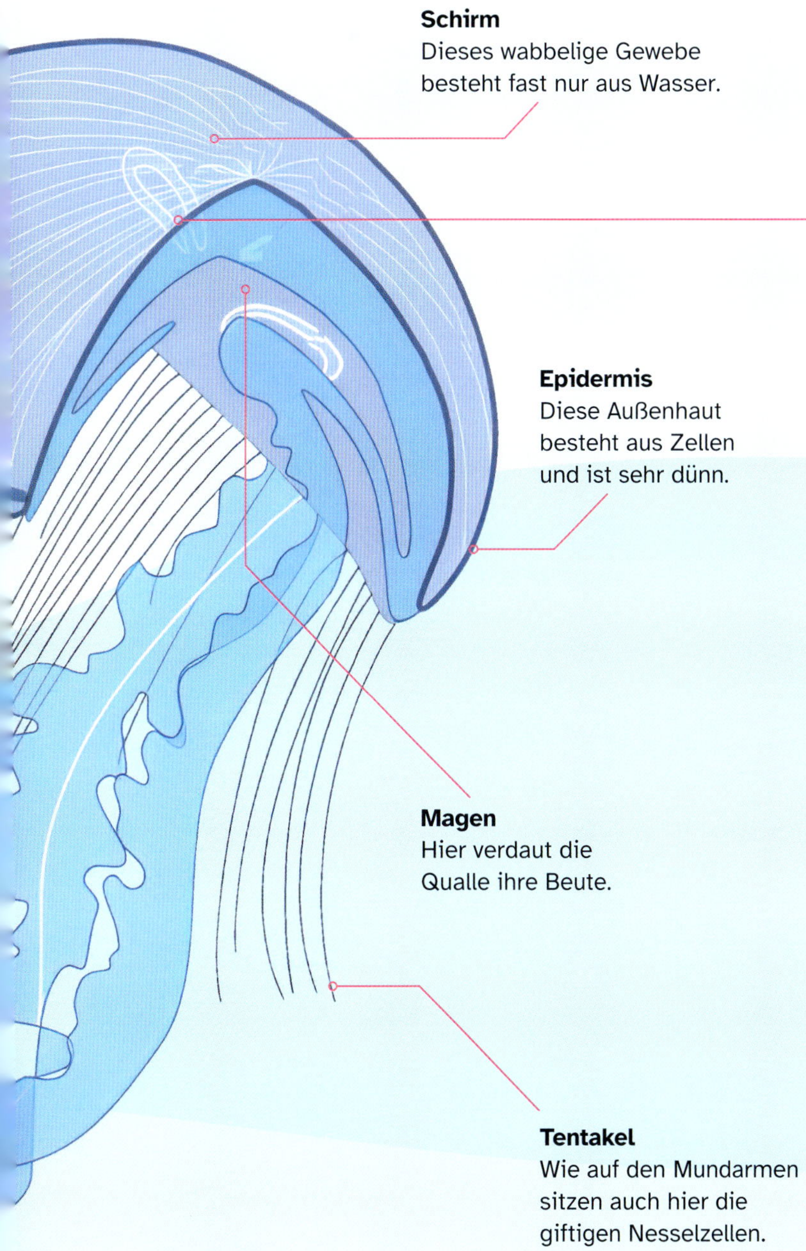

Wie schwimmt eine Qualle?

Im Schirmrand der Qualle sitzen ringförmige Muskeln, die sich in bestimmten zeitlichen Abständen zusammenziehen können. Dabei wird Wasser an der unteren Seite herausgedrückt und die Qualle bewegt sich. Der Schirm dehnt sich danach von selbst wieder aus.
Wohin eine Qualle schwimmt, hängt oft vom Licht ab. Manche Arten mögen kein Tageslicht. Wenn es ihnen zu hell wird, drehen sie um und schwimmen wieder in die Tiefe. Ein richtiges Ziel haben Quallen aber meistens nicht. Sie treiben einfach auf der Suche nach Nahrung im Wasser.

Und wie atmet sie?

Das ist ganz einfach: Quallen nehmen über ihre Körperoberfläche Sauerstoff aus dem Wasser auf. So brauchen sie weder Kiemen noch Lungen. Für menschliche Taucher wäre das auch ganz schön praktisch!

Mensch und Qualle

Lästig oder nützlich?

NOMURA-QUALLE
Die Qualle hat einen Durchmesser von bis zu 2 Metern. Ihre Tentakel werden etwa 5 Meter lang.

Vielleicht findest du Quallen cool – zu den Lieblingstieren der meisten Menschen gehören sie aber nicht. Sie gelten als eklig, glibberig, lästig und sogar gefährlich, weil sie mit ihren giftigen Tentakeln den Badeurlaub vermiesen können. Forscherinnen und Forscher aber interessieren sich schon lange für die Tiere.

Achtung, Quallenschwarm!

Nehmen wir mal ein Beispiel: Im Jahr 2007 haben Leuchtquallen an der irischen Küste innerhalb weniger Stunden über 100 000 Lachse mit ihrem Gift getötet. Die Fische wurden dort in Netzgehegen gezüchtet, um sie zu verkaufen. Der riesige Quallenschwarm war etwa so groß wie 420 Fußballfelder. Eine über zehn Meter dicke Schicht aus Quallen trieb da im Meer!

Dicker Quallenteppich

In Asien sind Nomura-Quallen gefürchtet: Schon mehrfach waberten riesige Teppiche der Tiere durch das Gelbe Meer und verstopften die Netze japanischer und chinesischer Fischer. Was sie zuvor gefangen hatten, wurde durch das Gewicht der Nomura-Quallen zerquetscht. Am Ende rissen die Netze – und die Fischer standen mit leeren Händen da.

Super Fakten

❶ *Einfach lahmgelegt*

Quallen haben sogar schon einmal einen **amerikanischen Flugzeugträger lahmgelegt: die USS Ronald Reagan**. Unzählige Kreuzquallen **verstopften die Kühlwasser-Rohre**. Das Schiff musste evakuiert werden!

❷ *Hier geht nichts mehr*

Auch **Atomkraftwerke** haben die Tiere schon **außer Gefecht gesetzt**. Natürlich nicht mit Absicht – die Quallen hatten sich einfach **in den Kühlleitungen niedergelassen**.

NETZ VERSTOPFT
Die Nomura-Qualle gehört zu den größten bekannten Quallenarten. Sie erreicht ein Gewicht von bis zu 200 Kilogramm. Das halten Fischernetze kaum aus.

Sag mal …

Elif, 10 Jahre

»Wieso gibt es immer öfter Quallenschwärme?«

»Durch den Klimawandel werden unsere Meere immer wärmer. So können sich die Quallen besser vermehren. Wegen der Überfischung der Meere gibt es außerdem weniger Tiere, die ihnen Futter wegschnappen.«

Glibber gegen Mikroplastik

Quallen haben aber auch ihre guten Seiten. Ihr Glibber kann zum Beispiel Mikroplastik binden, also kleinste Plastikteilchen aus dem Wasser aufnehmen. Daraus könnten schon bald Biofilter für Klärwerke gemacht werden. Denn selbst in unserem Abwasser, das gereinigt in Flüsse und am Ende in die Meere gelangt, steckt heute leider Plastik.

Quallen in der Creme?!

Damit aber nicht genug: Quallen können außerdem als Fischfutter oder als Dünger in der Landwirtschaft genutzt werden. Zudem ist das Kollagen, also das Eiweiß in ihrem Körper, für die Kosmetik-Industrie und die Medizin interessant. Zum einen wird es als Wirkstoff gegen Falten verkauft. Zum anderen hilft Kollagen, in der Forschung Strukturen in menschlichen Zellen sichtbar zu machen. Dadurch können zum Beispiel Krebs-Operationen verbessert werden.

Außerdem sind Quallen lecker!

Glaubst du nicht? Alles Geschmacksache! Wie wäre es beispielsweise mit einem frischen Quallensalat, einer mediterranen Quallensuppe oder mit knusprig frittierten Quallen mit Ketchup? Kein Witz! Das und viele andere Rezepte mit Quallen gibt es schon sehr lange. In Asien isst man sie schon seit rund 2000 Jahren. Heute werden dort pro Jahr fast eine Million Tonnen Quallen verputzt. Kein Wunder: Quallen sind gesund, enthalten Eiweiß und wichtige Spurenelemente wie Magnesium. Außerdem sind sie fettfrei. Und: Wenn sie öfter auf dem Teller landen, könnte das dabei helfen, zukünftige Quallenplagen einzudämmen.

Im Gespräch mit ...

Jamileh Javidpour, Meeresbiologin
Die iranisch-deutsche Wissenschaftlerin erforschte Quallen 20 Jahre lang. Heute ist sie Professorin an der Universität Süddänemark und beschäftigt sich mit der Nahrungskette im Meer.

JAMILEH, WIE WIRD MAN DENN QUALLENFORSCHERIN?

Ich habe meine Masterarbeit über Fische und Fischlarven geschrieben. Dabei war ich auch am Kaspischen Meer. Dort tauchten plötzlich Rippenquallen auf, die da eigentlich gar nicht leben. Kurz danach habe ich im Fernsehen einen Bericht über einen Fischer gesehen, der mehr Quallen als Fische im Netz hatte. Damals wusste man aber noch nicht viel darüber. Ich habe beschlossen: Das will ich ändern!

FANDEST DU QUALLEN FRÜHER EIGENTLICH EKLIG?

Im Iran hatte ich als Kind sehr wenig Kontakt mit Quallen. Später fand ich sie interessant und faszinierend. Aber nie eklig.

WAS FASZINIERT DICH AN QUALLEN AM MEISTEN?

Es gibt sie schon seit mehr als 500 Millionen Jahren, und sie können sich sehr schnell anpassen. Sie leben dicht unter der Wasseroberfläche, aber auch in der Tiefsee. Manche sind so klein wie ein Stecknadel-Kopf, andere werden über 30 Meter lang. Das finde ich extrem spannend.

Nützlicher Glibber

Für die Forschung ist das Kollagen im Körper von Quallen sehr interessant. Gerade wurde herausgefunden, dass man daraus eine Art Plastik herstellen kann. Außerdem könnte man mit einem 3-D-Drucker menschliche Organe aus Kollagen nachbauen. Vermutlich kann es noch viel mehr!

GESCHNAPPT
Diese Feuerqualle hat Beute gemacht: In ihren Tentakeln hat sich eine andere Qualle verfangen.

AHA

HAST DU EINE LIEBLINGSQUALLE?

Uh – schwierige Frage. Wenn ich mir eine aussuchen müsste, dann die Feuerqualle. Sie hat lange, schöne Tentakel und kann gefährlich sein – aber sie ist auch ein wichtiger Teil der Nahrungskette im Meer.

HAST DU SCHON EINMAL EINE QUALLE GEGESSEN?

Ja, in China habe ich schon viele unterschiedliche Quallen gegessen. Warm und kalt, im Salat und im Sushi. Aber um ehrlich zu sein, sie schmecken schon etwas sonderbar.

WORAN ARBEITEST DU GERADE?

Ich möchte herausfinden, welche Auswirkungen es auf unsere Meere hat, wenn Quallen in Schwärmen auftreten. Oder wenn sie sterben und auf den Meeresboden sinken.

Wenn Quallen wandern

Das große Auf und Ab im Meer

Kennst du die größte Tierwanderung unseres Planeten? Vergiss Wale oder Vögel! Die legen zwar große Strecken zurück. Was die reine Anzahl an Tieren angeht, sind aber Fischlarven, Würmer, Krebstierchen und auch einige Quallenarten im Meer die Rekordhalter! Jeden Tag gehen sie in großen Gruppen auf Wanderschaft. Und das auf der ganzen Welt!

Winzlinge im Wasser

Weit weg vom Land ist das Meer oft mehrere Kilometer tief. In dieser unvorstellbaren Menge Wasser schweben jede Menge kleine Tierchen, die nicht gegen die Strömung anschwimmen können. Das Leben im freien Wasser ist allerdings sehr gefährlich. An vielen Stellen lauern Feinde wie Raubfische, Kalmare, Schildkröten oder auch tauchende Seevögel.

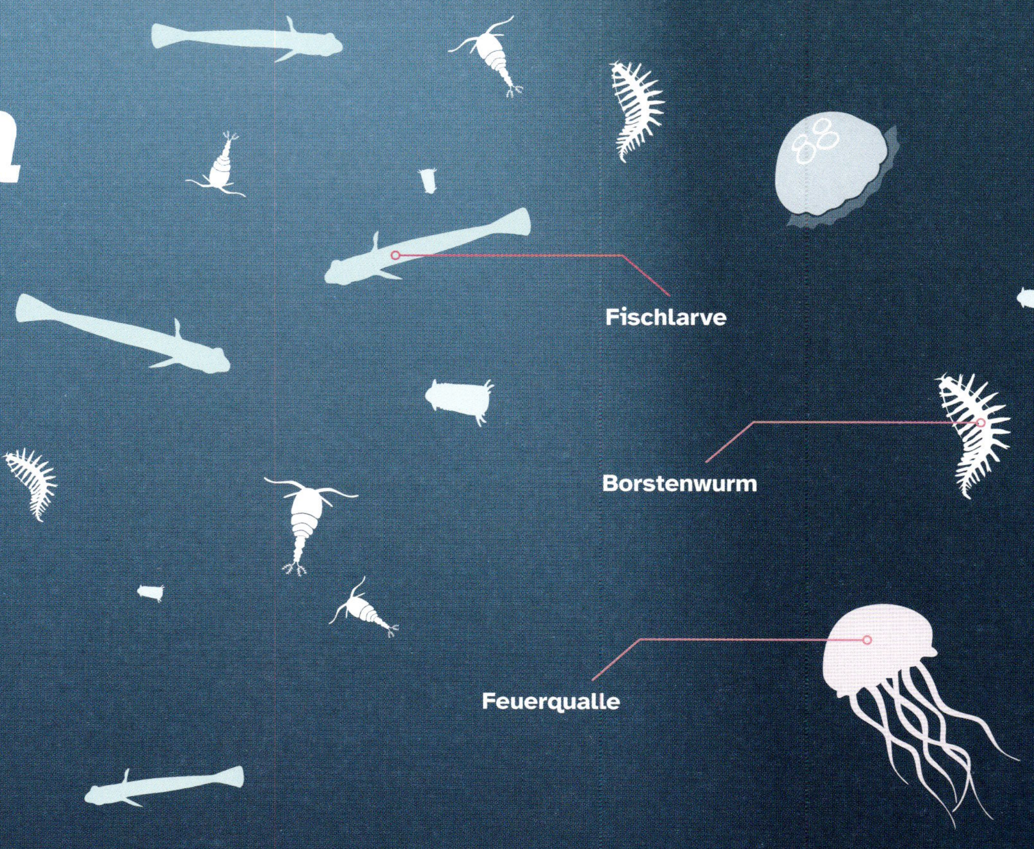

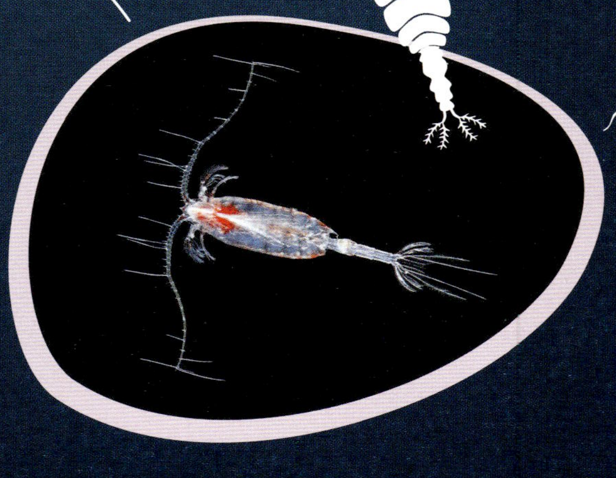

RUDERFUSS-KREBS
Von diesen kleinen Krebsen gibt es unglaublich viele im Meer. Sie sind ein wichtiges Futter für andere Tiere.

Ab nach unten!

Die Tierchen versuchen, diese Gefahr zu umgehen, indem sie tagsüber in tieferes Wasser abtauchen. Dort werden sie in der Dunkelheit schlechter gesehen und sind sicher. Sobald die Sonne untergeht, wandern sie wieder an die Oberfläche. Dann wird im Schutz der Nacht gefressen. Damit sie nicht selber als Futter enden, geht es vor Sonnenaufgang wieder zurück in die Tiefe.
Diese Bewegung von Milliarden von Lebewesen findet die ganze Zeit statt. Denn irgendwo auf der Welt ist es immer gerade dunkel!

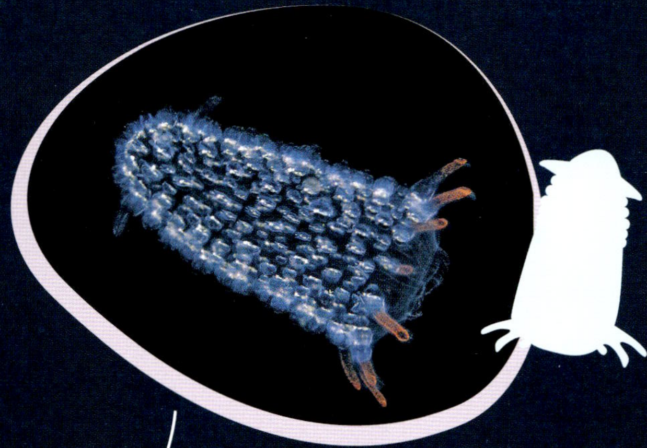

FEUERWALZE
Sie besteht aus mehreren Tausend Einzeltieren und kann leuchten. Wenn alle Einzeltiere zusammenarbeiten, kann die Feuerwalze aktiv schwimmen.

Ohrenqualle

NACHTWANDERUNG
Gerade ist es Nacht. Die Tierchen machen sich auf den Weg zur Wasseroberfläche. Bevor die Sonne aufgeht, tauchen sie wieder in die Tiefe.

Super* Fakten

1 ***Glibberflitzer***
Manche Quallen wandern mit bis zu **10 Kilometern pro Stunde** durchs Wasser. Dieses Tempo halten sie aber nicht lange durch.

2 ***Mikro-Tierchen***
Tierisches Plankton, zu dem auch Quallen gehören, nennt man auch **Zooplankton.**

3 ***Mikro-Pflanzen***
Pflanzliches Plankton besteht zum Beispiel aus mikroskopisch kleinen Algen, die im Wasser schweben. Man kann auch **Phytoplankton** sagen.

Vorsicht, Qualle!

Das Risiko, dass du von einer Qualle gestochen wirst, ist sehr gering. An europäischen Badestränden muss niemand Angst vor lebensbedrohlichen Quallenvergiftungen haben. Und selbst in riskanten Regionen wie Australien ist es extrem unwahrscheinlich, dass du eine gefährliche Qualle triffst.

Wie kann ich einen Stich verhindern?

Um unliebsame Begegnungen mit Quallen zu vermeiden, kannst du dir vor dem Baden den Strand ansehen und nach angeschwemmten Quallen Ausschau halten. Liegen dort bereits viele Tiere? Dann kannst du davon ausgehen, dass sie auch im Meer umherschwimmen. Die toten Quallen am Strand nicht anfassen! Sie können immer noch nesseln. Mach lieber ein Foto, dann kannst du später herausfinden, welche Qualle du gefunden hast.

Niemals alleine!

Außerdem ist es wichtig, dass du die Warnhinweise vor Ort beachtest, zum Beispiel Schilder. Geh außerdem niemals alleine schwimmen! Baden an einsamen Stränden, nachts oder im trüben Wasser ist auch keine gute Idee.

Sag mal …

Luis, 9 Jahre

»Hilft es bei einem Quallenstich wirklich, draufzupinkeln?«

»Nein! Dieses Gerücht hält sich aber hartnäckig. Im Gegenteil, es kann die Vergiftung sogar noch verstärken. Das Pipi bringt die Nesselzellen der Quallen erst so richtig zum Feuern.«

Erste Hilfe beim Quallenstich

1. In Sicherheit bringen

Bei plötzlichen starken Schmerzen **sofort das Wasser verlassen** oder **der gestochenen Person dabei helfen**, damit sie nicht ertrinkt. Sind Erwachsene in der Nähe? Dann rufst du sie am besten dazu.

2. Abspülen

Gibt es eine **Strandwache?** In gefährdeten Gebieten hat sie immer **Essigsäure** parat. Die hindert noch nicht aktivierte Nesselzellen daran, Gift freizusetzen. Ist kein Essig zur Hand, kannst du die **Haut großzügig mit Meerwasser übergießen**. Auf keinen Fall Süßwasser oder Alkohol nehmen!

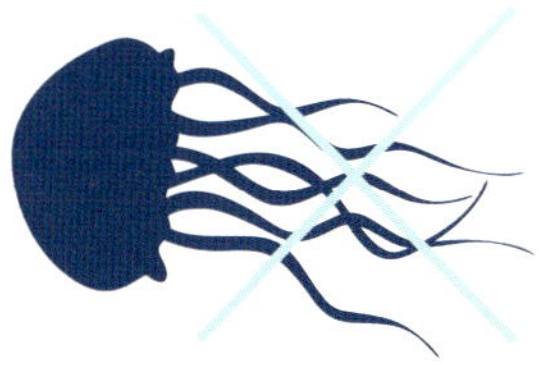

3. Entfernen

Jetzt kannst du die **Tentakelreste vorsichtig entfernen.** Am besten nimmst du dafür eine **Plastikkarte**, zum Beispiel eine Bankkarte oder einen Mitgliedsausweis. Man kann auch **Rasierschaum** nehmen, der dann abgeschabt wird. Pass unbedingt auf, dass du dir mit den Händen nicht ins Gesicht fasst.

4. Schmerzen stillen und Hilfe rufen

Sind alle Reste der Qualle entfernt, am besten ein **Kühlpack** in ein Tuch einwickeln und immer mal wieder auf die Haut legen. Auch **Schmerzmittel** können helfen. **Viel zu trinken** ist jetzt wichtig. Sicherheitshalber kannst du auch immer einen **Arzt oder eine Ärztin rufen.**

FEUERALARM

Viele Quallen, die uns stechen können, nennt man auch Feuerquallen. Das gilt auch für die Gelbe Haarqualle, die in Nord- und Ostsee vorkommt.

Ist das eine Qualle?

SCHILLERNDE PLÄTTCHEN
Rippenquallen sind mit den Quallen nicht verwandt, sehen aber sehr ähnlich aus. Auf ihrem Körper sind winzige Plättchen angeordnet, mit denen sie sich fortbewegen. Bei Bewegung werfen die Plättchen das Sonnenlicht unterschiedlich zurück und wirken dann bunt wie ein Regenbogen.
Im Unterschied zu den richtigen Quallen haben Rippenquallen keine Nesselzellen. Also keine Angst, eine Berührung tut nicht weh!

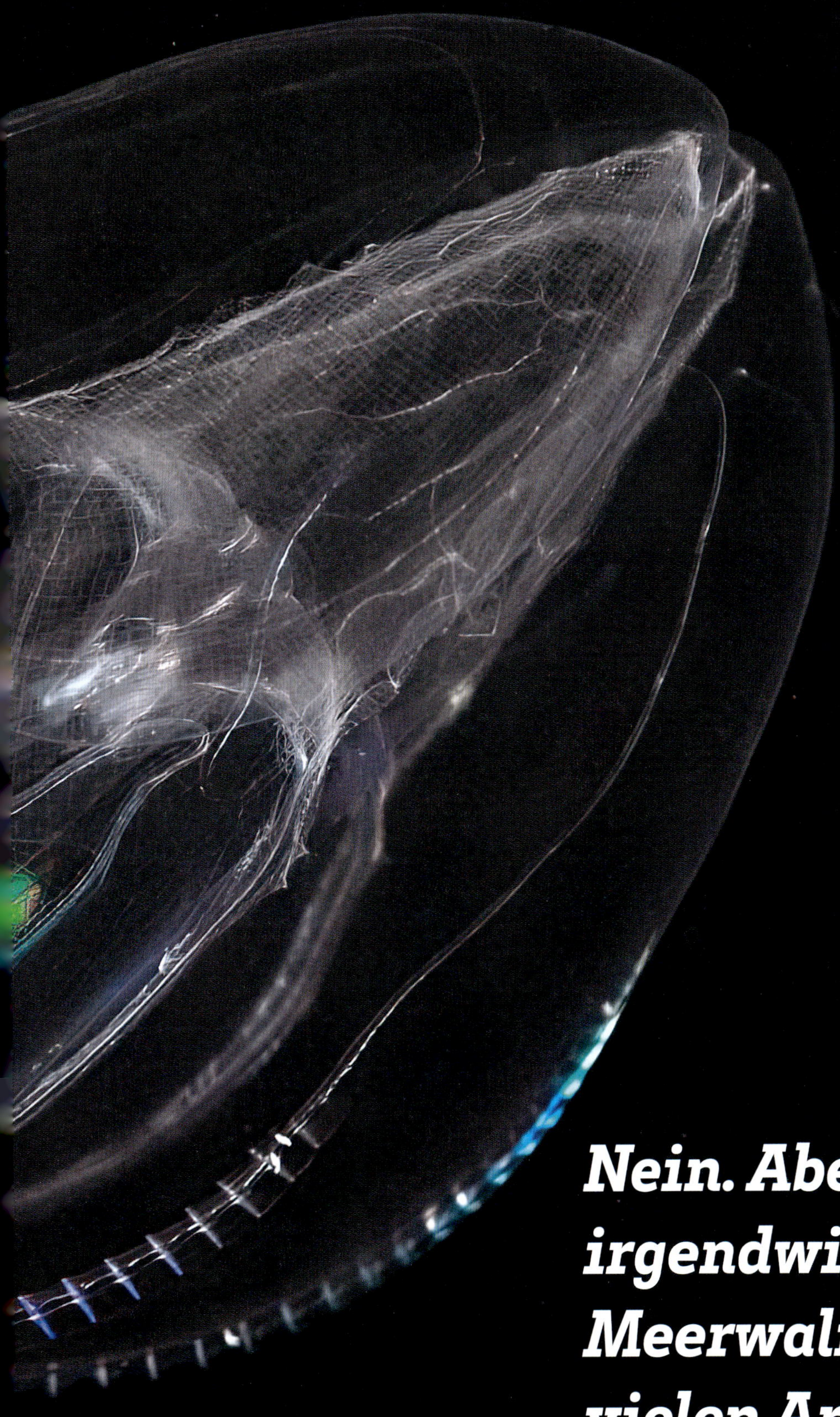

Nein. Aber auch irgendwie ja ... Es ist die Meerwalnuss, eine von vielen Arten der Rippenquallen!

Ein Quallenleben

Nur am Ende mit Schirm

Was du als Qualle kennst, ist nur ein kleiner Teil im Leben der meisten Arten. Davor sehen sie völlig anders aus. Sie schwimmen nicht mal im offenen Wasser, sondern sind am Meeresboden festgeklebt! Später leben die ausgewachsenen Quallen dann nur wenige Monate, bevor sie sterben.

6 Ephyren

Ephyren sind Klone, also identische Kopien. Sie sind sozusagen alle Zwillinge, nur dass es eben gleich einige Hundert sein können. Noch haben sie alle acht Arme. Später verschmelzen die zum typischen Schirm einer Qualle.

7 Meduse

Nach einigen Monaten hat die Mini-Qualle jede Menge gefuttert und die Größe und Form erreicht, die wir als Qualle oder Meduse kennen. Für ein paar Monate treibt sie nun durchs Meer. Irgendwann gibt sie Eier oder Spermien ab – wenn die sich treffen, geht das Ganze von vorne los.

2 Planula-Larve

Aus einem befruchteten Ei entwickelt sich eine winzige Planula-Larve. Sie ist mit feinen Haaren besetzt. Ein paar Tage lang schwimmt sie umher und wird immer größer. Irgendwann setzt sie sich dann fest – auf einem Stein am Meeresboden, an einer Steilwand unter Wasser oder auch auf einer Muschelschale oder Alge.

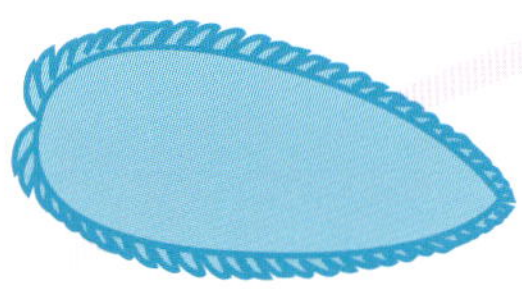

1 Quallen-Eier

Mitten im Meer treiben sie: Quallen-Eier. Treffen sie auf die Spermien männlicher Quallen, werden sie befruchtet.

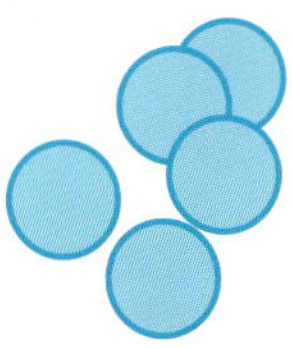

4 *Ausgewachsener Polyp*

Ein Quallen-Polyp hat Ähnlichkeit mit einer See-Anemone, ist aber meistens deutlich kleiner. Er kann mehrere Jahre alt werden! Die ganze Zeit wächst er und wartet auf gute Bedingungen: Stimmt die Wassertemperatur? Gibt es genug zu fressen? Erst dann startet er die nächste Phase des Lebens.

5 *Strobila-Stadium*

Nun ist es so weit: Der Polyp schnürt Schicht für Schicht Mini-Quallen von seinem Körper ab, die Ephyren. Die fangen sofort an, sich wie eine große Quallen zu bewegen, und schwimmen davon.

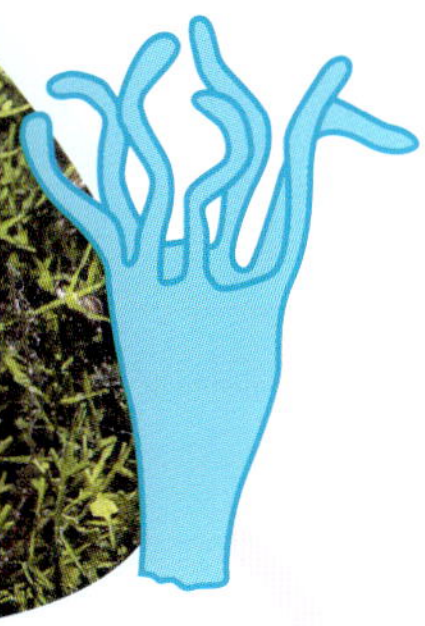

3 *Kleiner Quallen-Polyp*

Jetzt wächst die Larve zum Polypen heran. Der hat schon Tentakel, mit denen er im Wasser nach Nahrung sucht. Schwimmen kann er aber nicht.

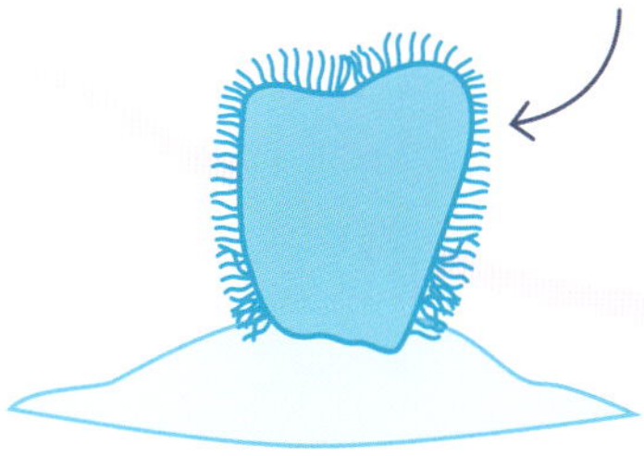

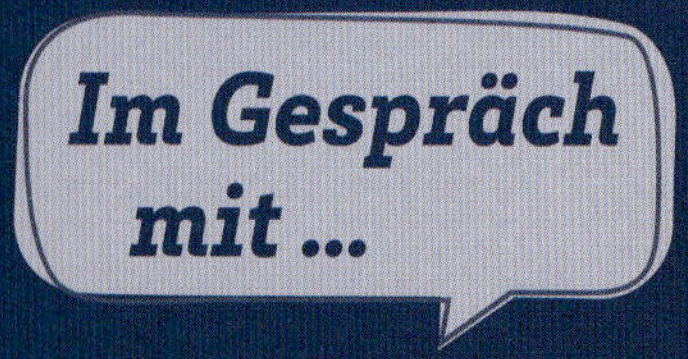

Turritopsis dohrnii, Überlebenskünstlerin
Mit nur etwa 3 Millimetern ist diese Qualle winzig klein! Sie hat zwischen 10 und 20 Tentakel – und eine ganz besondere Fähigkeit.

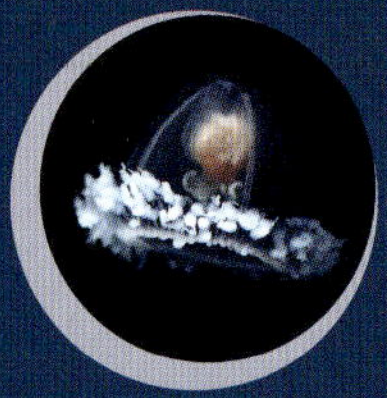

LIEBE QUALLE, WIE HEISST DU?

Turritopsis dohrnii.

WIE BITTE?

Ja, das klingt ein bisschen komisch, ist aber mein wissenschaftlicher Name. So kennt mich die ganze Welt. Einen Namen in deiner Sprache habe ich nicht. Du kannst mich aber die unsterbliche Qualle nennen.

AHA. WIE ALT BIST DU DENN?

Tja, das kann ich dir gar nicht so genau sagen ... ohne Gehirn kann ich mich an nichts erinnern. Aber ich könnte schon ein paar Jahre auf dem Buckel haben. Vielleicht aber auch nur ein paar Tage ...

ABER UNSTERBLICH BIST DU?

Theoretisch ja. Leider ist es aber nicht so, dass manche von uns seit Millionen von Jahren lebendig und schon mit den Dinosauriern geschwommen sind. Wir werden gefressen, von Wellen kaputt gemacht, von Schiffs-Schrauben zerfetzt oder landen am Strand. Dann hilft mir auch meine Unsterblichkeit nicht weiter. Das Leben als winzige Qualle ist aufregend und gefährlich!

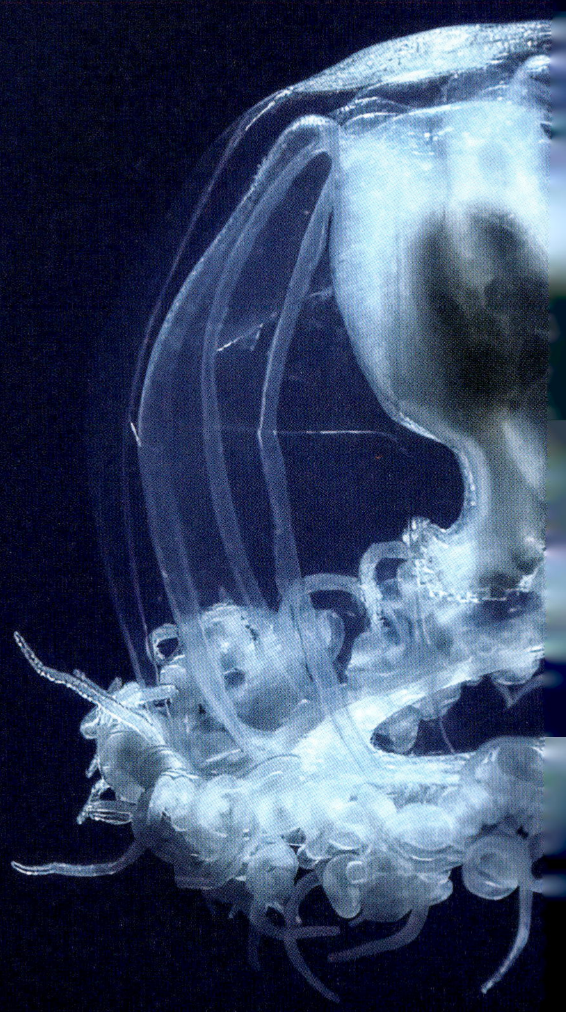

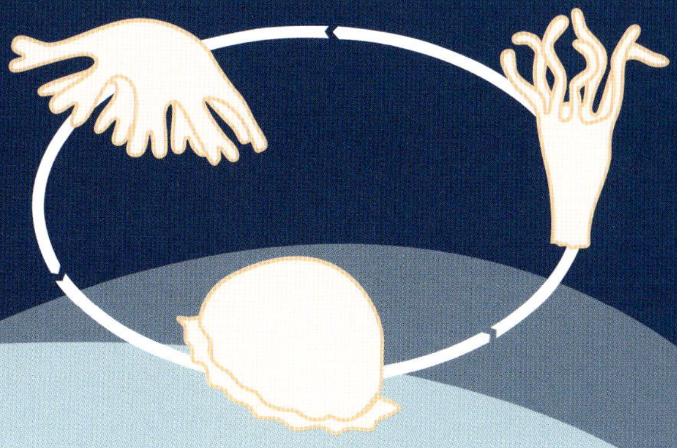

Wie geht das mit der Unsterblichkeit?

Wenn die Qualle eigentlich sterben müsste, bilden sich ihre Zellen um. Sie kann dann auf ihrer Oberseite einen jungen Polypen wachsen lassen. Der wird später wieder zur Qualle.
Der Polyp ist eine genaue genetische Kopie. Die Qualle baut sich sozusagen einen neuen Körper, ist aber immer noch die gleiche. Das nennt man biologische Unsterblichkeit. Man könnte auch sagen: Wenn die Qualle möchte, wird sie einfach wieder zum Baby. Irre, oder?

OKAY, UND ... WO TREIBST DU DICH SO RUM?

Die ersten Verwandten von mir habt ihr im Mittelmeer entdeckt. Aber vermutlich gibt es uns in allen Weltmeeren. Ihr müsst einfach nur genau hinschauen!

KANN ICH AUCH UNSTERBLICH WERDEN?

Nein, das klappt bei euch Menschen nicht. Dafür müsst ihr aber nicht dauernd so vielen Gefahren ausweichen wie ich. Ich schwimme jetzt mal weiter. Mal schauen, wie alt ich noch werde. Tschüssi!

Achtung, Glibberalarm! Hier solltest du besser genau hingucken, wo du hintrittst.

Ein Strand voller Quallen

LEBEN DIE EIGENTLICH NOCH?
Weil sich Quallen nicht gegen die Strömung bewegen können, werden sie bei ungünstigem Wind häufig an den Strand getrieben. Dort sterben sie dann nach kurzer Zeit. Nicht immer sind es aber gleich so viele! Vielleicht hast du auch schon mal Quallen am Strand entdeckt? Vorsicht: Auch tote Tiere niemals anfassen. Sie können immer noch giftig sein!

Wo leben Quallen?

Weltweit zu Hause

OHRENQUALLE
Wenn du an der Nord- oder Ostsee Urlaub machst, dann wirst du bestimmt die Ohrenqualle sehen. Übrigens: Sie besteht zu 98,2 Prozent aus Wasser.

Die unendlichen Weiten der Meere sind das Reich der Quallen. Man findet sie so gut wie überall: Die Glibbertiere kommen in den kalten Gegenden der Arktis und Antarktis genauso vor wie in warmen tropischen Meeren. Einige Arten leben in Strandnähe, andere an der Wasseroberfläche – und wieder andere Quallen fühlen sich in der dunklen Tiefsee wohl.

ROTAUGEN-QUALLE
Die farbenfrohe und irgendwie auch verwegen aussehende *Polyorchis penicillatus* gehört zu den schönsten Quallen. Über ihren feinen Tentakeln sitzen am Schirmrand viele rote Augen. Man findet sie an der Pazifikküste Nordamerikas.

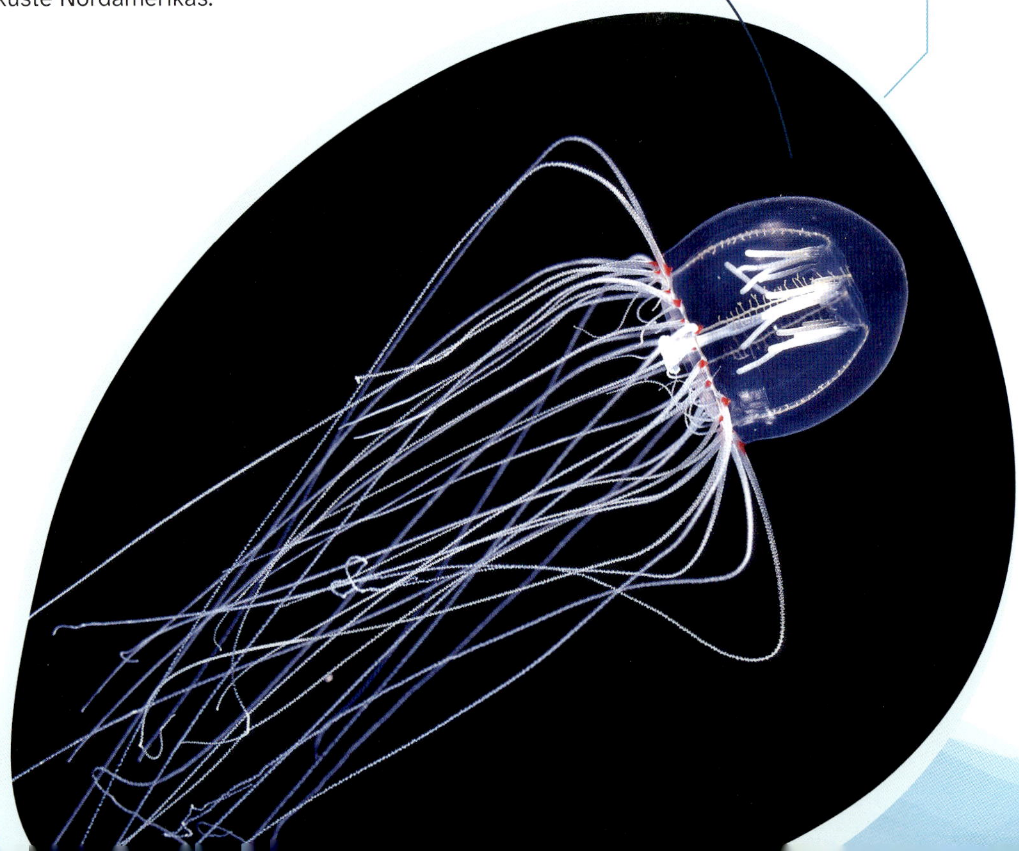

MEERTOMATE
Sicher kannst du dir vorstellen, warum diese Qualle Meertomate heißt. Sie lebt rund um Malaysia und wird dort auch gefangen, um sie zu essen. Ob sie wohl auch wie eine Tomate schmeckt?

SÜSSWASSER-QUALLE
Sogar in Seen bei uns in Europa gibt es Quallen! Dieses Tierchen hier fand man in der Schweiz.

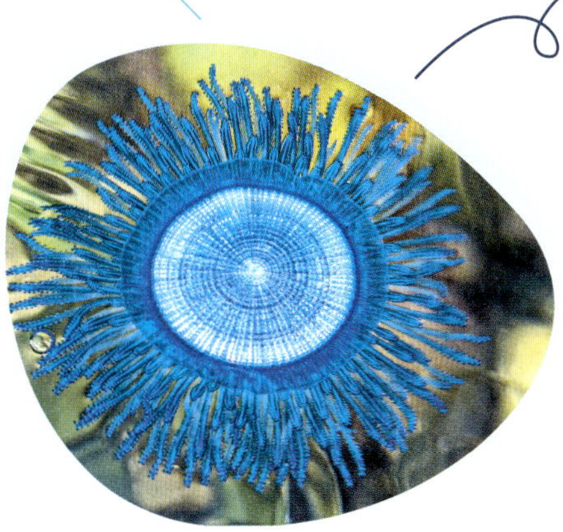

BLAUER KNOPF
Die für uns ungefährliche Qualle *Porpita porpita* hat den Beinamen Blauer Knopf und treibt an der Wasseroberfläche. Sie wird nur bis zu 6 Zentimeter groß und lebt in fast allen tropischen Ozeanen.

Das giftigste Tier der Welt

Hier ist Vorsicht geboten!

Sie ist die gefürchtetste Qualle: die Seewespe. Ihr Nervengift ist extrem stark. Sie gehört zu den Würfelquallen und lebt an der nördlichen und östlichen Küste Australiens. Ihr Schirm kann etwa so groß wie dieses Buch werden, wenn du es zuklappst.

SEEWESPE
Mit rund 60 Tentakeln, die 2 bis 3 Meter lang werden, fängt die Seewespe im flachen Wasser ihre Beute: Garnelen und Fische.

WARNUNG
Gelbe Warnschilder weisen am Strand auf die große Gefahr durch die Quallen hin.

Alles im Blick

Die Seewespe kann erstaunlich gut sehen. Aus ihrem Schirm ragen vier armartige Glieder mit je sechs Augen heraus. Die äußeren sind sehr einfach gebaut. Sie können nur hell und dunkel unterscheiden. Die mittleren Augen aber liefern der Qualle ein sehr scharfes Bild ihrer Umgebung.

AHA

LEBENSRAUM
Die Seewespe kommt nur im Norden und Osten Australiens vor. Man findet sie im flachen Wasser vor Stränden.

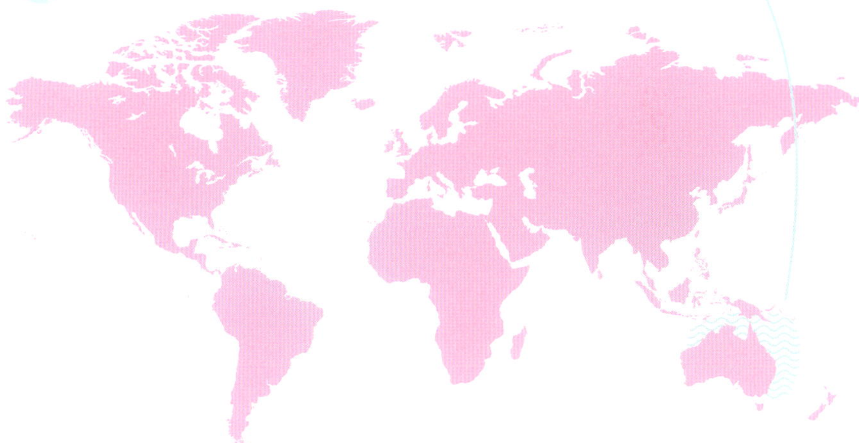

Achtung, Lebensgefahr!

Berührt ein Mensch einen Tentakel, fühlt sich das an wie glühendes Eisen oder kochendes Öl. Manche bekommen sofort einen Schock und ertrinken. Anderen wird extrem übel. Das Gift greift auch die Blutgefäße an. Es kann passieren, dass das Herz innerhalb weniger Minuten einfach aufhört zu schlagen. Hunderte Menschen sind nach einem Stich bereits gestorben!

Unsichtbare Bedrohung

Das Fiese: Schirm und Tentakel der Seewespe sind glasklar und im hellen Wasser dadurch so gut wie unsichtbar. Um sich vor den Tieren zu schützen, werden in Australien bestimmte Badestrände oft eingezäunt. Und viele Menschen gehen mit einem Neoprenanzug ins Wasser. So können die giftigen Nesselzellen nicht die Haut berühren.

Erst mal ein Päuschen ...

Die Seewespe kann sogar gegen die Wasserströmung schwimmen, enge Kurven ziehen und Hindernissen ausweichen. Sie legt auch längere Ruhepausen ein. Möglicherweise schläft sie sogar. Aber da sind sich Forschende noch nicht sicher. Auf jeden Fall möchte man ihr nicht begegnen!

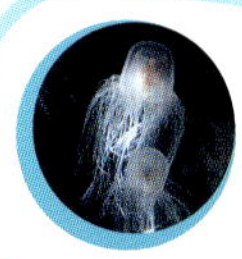

Seewespe

Größe	etwa 3 Meter lang
Gewicht	bis 6 Kilogramm
Fangarme	60 Tentakel
Nesselzellen	5 Milliarden
Orientierung	24 Augen
Lebenserwartung	unbekannt
Größter Feind	Suppenschildkröte
Talent	schnelle Schwimmerin
Lebensraum	Nord- und Ostküste Australiens

Hier wird's eng!

SALZSEE IM PAZIFIK
Der See liegt auf einer Insel im Pazifik und ist das Zuhause unfassbar vieler Wurzelmund-Quallen der Art *Mastigias papua*. Sie sind goldbraun und können so groß wie ein Fußball werden. Rund 1,5 Millionen Tiere sollen in dem See das ganze Jahr über umherschwimmen – in Spitzenzeiten sogar 31 Millionen! Wahnsinn, oder? Die Glibberwesen sind zum Glück vollkommen harmlos. Sie haben nicht mal Nesselzellen!

Du kannst dir nichts Schöneres vorstellen, als mal in einem See voller Quallen zu schwimmen? Dann ab in den berühmten Quallensee von Palau!

Achtung, Räuber!

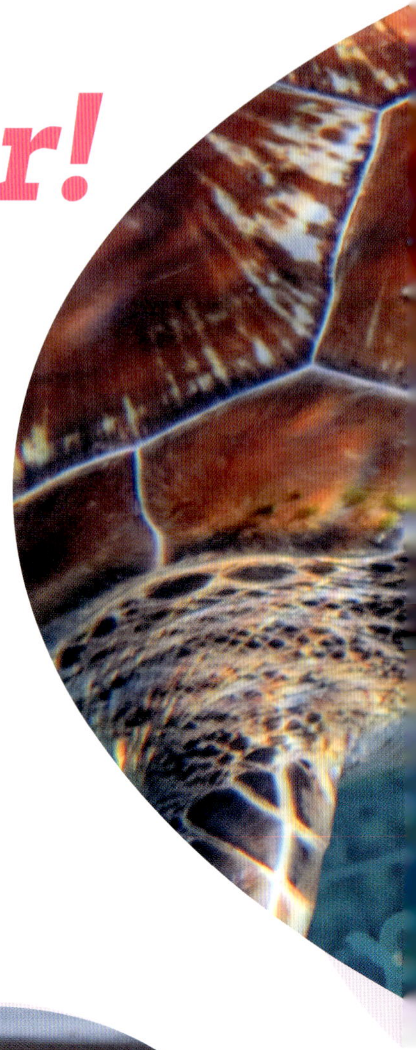

Fressen und gefressen werden

Quallen fressen vor allem kleine Algen oder winzige Krebse. Ab und zu gibt es auch mal einen kleinen Fisch oder dessen Larven. Aber wer soll schon eine Qualle essen – ein schleimiges Tier, das fast nur aus Wasser besteht?

Auch tot noch lecker

Früher dachten Forschende wirklich, dass Quallen nicht interessant als Futter sind. Mittlerweile wissen wir aber, dass sie von vielen verschiedenen Tieren gefressen werden. Fische knabbern regelmäßig an Quallen oder Quallenresten. Riesige Mondfische werden sogar häufig dabei beobachtet. Bei ihrer Größe können sie mehrere Hundert Quallen am Tag zu sich nehmen. Und wenn in der Ostsee eine Feuer- oder Ohrenqualle tot auf den Meeresboden sinkt, kommen auch Strandkrabben gerne vorbei, um sich ein Stück der glibberigen Masse zu sichern.

MÖWE
Wenn schon so ein Leckerbissen am Strand liegt, kann man ja mal probieren!

Glitschige Feinde

Auch unter den Nacktschnecken gibt es viele Arten, die sich hauptsächlich von Nesseltieren ernähren. Meistens haben sie es auf die kleinen Polypen abgesehen, die am Meeresboden sitzen.
Die Blaue Ozeanschnecke dagegen lebt an der Oberfläche des Ozeans, wo sie sich an Treibgut anheftet oder einfach treiben lässt. Sie ist nur etwa drei Zentimeter lang, nimmt es aber mit den ganz Großen im Meer auf. Die Schnecke frisst Staatsquallen wie die Portugiesische Galeere!

Gefahr aus der Luft

Seevögel wie Albatrosse oder Pinguine fressen ebenfalls Quallen. Obwohl die glibberigen Tiere wenig Nährstoffe bieten, haben sie einen entscheidenden Vorteil: Sie sind im Vergleich zu schnell schwimmenden Fischen oder flüchtenden Garnelen leicht zu erbeuten und dazu noch leicht verdaulich.

MEERES-SCHILDKRÖTE
Manche Schildkröten haben großen Appetit auf Quallen.

QUALLENFUTTER
Nach solchen kleinen Lebewesen im Wasser fischen Quallen mit ihren Tentakeln. Manchmal erwischen sie auch kleine Fische.

Da guckst du blöd!

Bis auf ihr Gift sind die meisten Quallen wehrlos. Kann ein Feind den Tentakeln ausweichen oder das Gift macht ihm nichts aus, hat er leichtes Spiel. Die nur drei Zentimeter kleine Echsenschwanz-Qualle aber hat einen ganz besonderen Trick. Sie lebt in Tiefen bis 1000 Meter. Bei Gefahr wirft sie ihre Tentakel ab, so wie eine Eidechse ihren Schwanz. Die Tentakel fangen dann an, blau zu leuchten, winden sich wie kleine Würmer und verwirren den Fressfeind. So kann die Qualle selbst entkommen!

NACKT-SCHNECKE
Die Blaue Ozeanschnecke wird auch als Blauer Drache bezeichnet. Sie frisst Staatsquallen.

Sie ist einfach die Größte

Die Gelbe Haarqualle

Die längste Qualle der Welt ist die atemberaubende Gelbe Haarqualle. Ihr Schirm kann einen Durchmesser von bis zu drei Metern erreichen und ihre Fangarme werden bis zu 30 Meter lang! Insgesamt kann sie locker mit dem Blauwal mithalten, der im Durchschnitt etwa 26 Meter lang wird. Riesig, oder?

Lieber nicht anfassen!
Die Nesselzellen an den Tentakeln der Gelben Haarqualle sind giftig und können schwere Verbrennungen hervorrufen. Deshalb wird sie auch Feuerqualle genannt. Weil die Tentakel so lang sind, sehen ihre Opfer oft gar nicht, was sie überhaupt berührt hat. Die Gelbe Haarqualle lebt im Atlantik, kommt aber auch in der Nord- und Ostsee vor. Vielleicht hast du sogar schon mal eine gesehen?

GELBE HAARQUALLE
Indem sie sich wie ein großer Schirm ausbreitet und dabei in die Tiefe sinkt, fängt sie ihre Beute.

AHA

Was für eine Mähne!

Manchmal wird die Qualle auch Löwenmähnen-Qualle genannt. Kannst du dir vorstellen, warum? Genau! Ihre dichten gelben oder roten Tentakel erinnern irgendwie an eine wallende Löwenmähne. Brüllen hat die Qualle aber noch niemand gehört …

Wir sind viele!

Staatsquallen sind Kolonien im Meer

Staatsquallen sehen zwar aus wie gewöhnliche Quallen, sind aber etwas ganz Besonderes. Denn sie bestehen aus vielen Hunderten Einzeltieren, die im Teamwork diese Form bilden.

Wer macht hier was?

Eine Staatsqualle setzt sich aus zahlreichen Polypen zusammen. Es gibt eine strenge Aufgabenteilung: Eine Gruppe bildet die Nesselzellen aus und formt die Tentakel. Eine andere übernimmt die Verdauung oder die Fortpflanzung. Und wieder andere Polypen kümmern sich um die Fortbewegung.

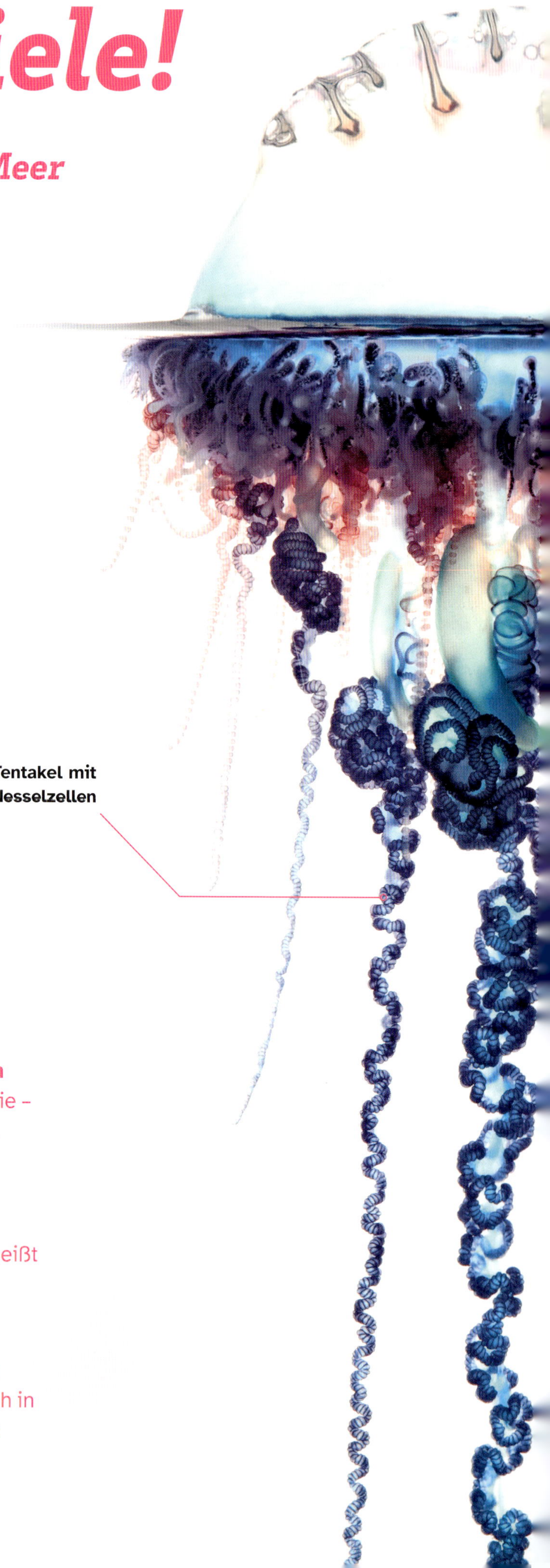

Super Fakten

1 *Qualle mit Tiefgang*
Große Exemplare der Portugiesischen Galeere besitzen über **25 Meter lange Tentakel!**

2 *Untermieter*
Der **Quallenfisch lebt häufig zwischen ihren Tentakeln.** Nur selten berührt er sie – und dann macht ihm das Gift wenig aus.

3 *Blaue Flasche*
Weil die Gasblase angespülter Portugiesischer Galeeren **wie Flaschen am Strand** aussehen, heißt sie **auf Englisch *bluebottle*.**

4 *Treibgut*
Manchmal werden die Tiere **vom Wind oder von Strömungen** auch in kühlere Regionen getrieben, zum Beispiel **vor die Küste Irlands.**

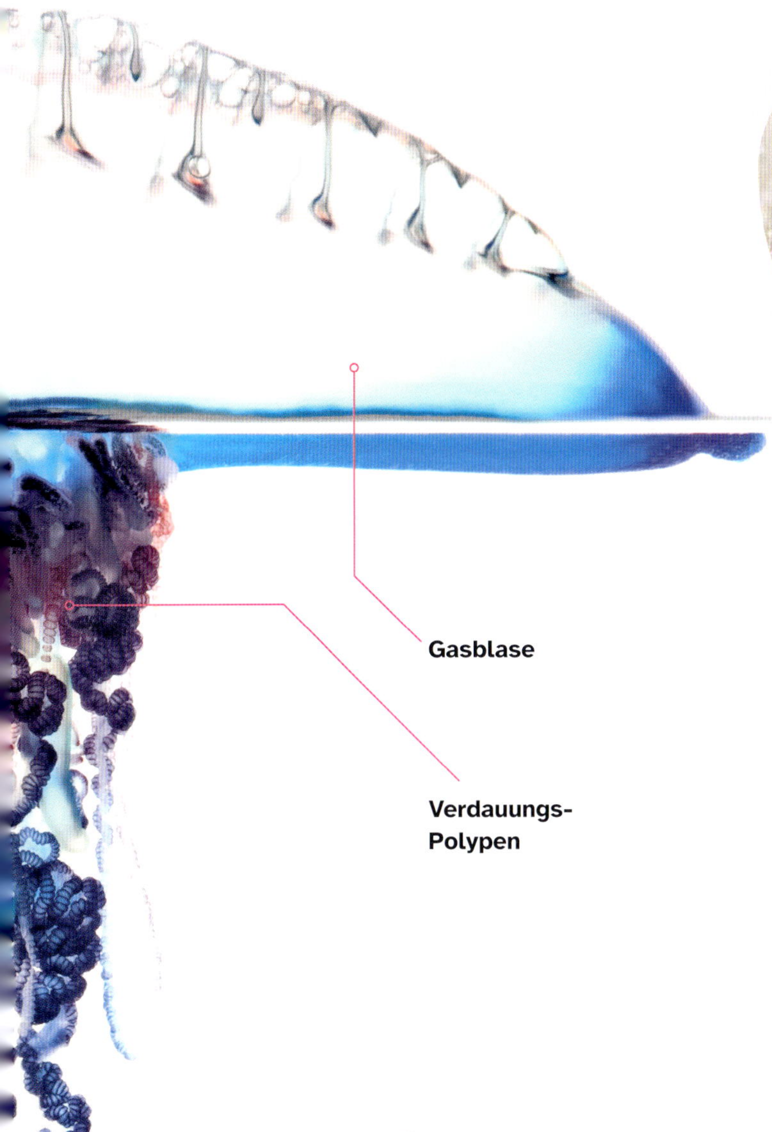

SEGELQUALLE
Segelquallen haben neben einer Gasblase auch ein dreieckiges Segel auf ihrer Oberseite. Damit können sie tatsächlich segeln, aber nicht steuern.

Portugiesische Galeere

Größe	2–30 Meter mit Tentakeln
Lebensraum	tropische und warme Ozeane
Feinde	Blaue Ozeanschnecke, Schildkröten, Mondfisch
Futter	Fische, Fischlarven, Garnelen
Lebenserwartung	vermutlich 1 Jahr
Kuschelfaktor	Gering. Bitte nicht anfassen und mit Abstand umschwimmen.

Unten oder oben?

Manche Staatsquallen verbringen ihr ganzes Leben in tieferem Wasser. An ihrer Oberseite haben sie glockenförmige Gebilde, die sich schnell zusammenziehen können. Dabei wird Wasser ausgestoßen und die Tiere bewegen sich.
Andere Staatsquallen leben an der Wasseroberfläche. Die Portugiesische Galeere hat dafür eine mit Gas gefüllte Blase, die oben schwimmt. Der Rest hängt einfach herunter und die Qualle lässt sich vom Wind durchs Meer treiben.

Schön blau, aber gefährlich

Wenn ein Schwarm von mehreren Tausend Staatsquallen in der Nähe eines Strands auftaucht, ist Baden keine gute Idee. Denn die Tiere sind sehr giftig. Wenn du sie berührst, bekommst du starke Schmerzen und es bilden sich rote Striemen – wie von Peitschenhieben. Manchmal werden die Staatsquallen auch angespült und liegen dann blau schimmernd im Sand.

Aliens in der Tiefe

Wie können wir sie erforschen?

HIGHTECH
Ferngesteuerte Tauchroboter sind mit speziellen Kameras, mehreren Lampen und vielen Mess-Systemen ausgestattet.

Wer Quallen nicht im Labor, sondern in der Natur erforschen möchte, muss im wahrsten Sinne des Wortes in ihren Lebensraum eintauchen. Das geht am einfachsten mit Schnorchel und Flossen im flachen Wasser. Mit einer richtigen Tauchausrüstung können Forscherinnen und Forscher auch Quallen beobachten, die in bis zu 100 Metern Tiefe leben.

Was ist weiter unten?

Im Schnitt sind unsere Ozeane allerdings rund 4000 Meter tief – und auch ganz unten gibt es Quallen! Das schafft keine Taucherin und kein Taucher. Deshalb setzt man in der Wissenschaft Tauchroboter oder Tauchboote ein. Die Geräte müssen dem extrem hohen Wasserdruck in der Tiefsee standhalten. Je tiefer es wird, desto höher der Druck. Die eingebaute Technik ist ähnlich kompliziert wie bei Geräten, die man ins Weltall schickt. Deswegen ist die Erforschung der Tiefsee sehr aufwändig und teuer. Es gibt noch viel zu entdecken: Wir wissen weniger über sie als über die Rückseite des Mondes.

Ein Feuerwerk in der Tiefe

Vor einigen Jahren hat der ferngesteuerte Tauchroboter Herkules eine sensationelle Entdeckung gemacht: Vor der Westküste Mexikos filmte er in 1225 Metern Tiefe eine ganz besondere Qualle. Rot, gelb, rosa und blau leuchtend schwimmt sie durch den Ozean. Durch die grellen Farben und ihre Tentakel wirkt das wie ein buntes Feuerwerk. Das hat ihr den Namen Feuerwerk-Qualle eingebracht. Normalerweise bekommt aber niemand diese Schönheit zu Gesicht – denn in der Tiefsee ist es stockdunkel. Nur dank Herkules wissen wir von der Qualle. Über ihr Leben ist allerdings noch nicht viel bekannt.

Sag mal …

Sophia, 9 Jahre
»Wieso kann die Qualle so tief tauchen, aber ich nicht?«

»Weil ihr Körper fast nur aus Wasser besteht. Wir haben eine Lunge, die mit Luft gefüllt ist. Wird das Organ durch den hohen Druck komplett zusammengedrückt, ist das tödlich.«

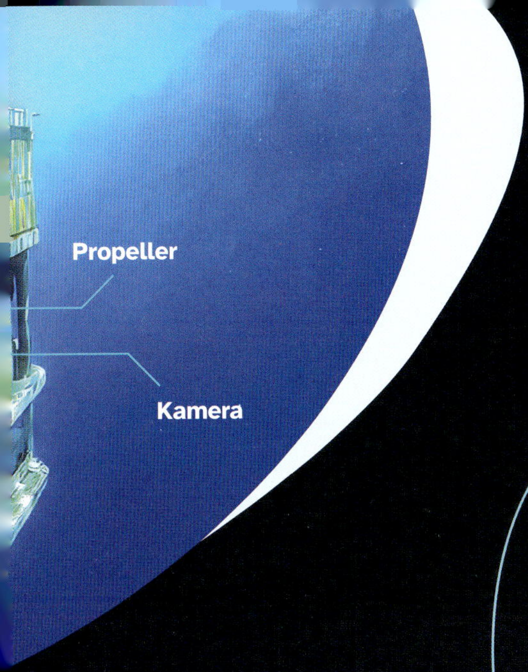

PERFEKT ANGEPASST
In der Tiefsee herrschen ewige Finsternis, lähmende Kälte und ungeheurer Druck. Doch all das ist kein Problem für die Feuerwerk-Qualle!

SCHLIMME VERWECHSLUNG
Es ist fast durchsichtig und treibt im Meer. Leider ist es keine Qualle, sondern eine Plastiktüte.

Gefährliche Doppelgänger

Müll im Meer

Wir verbrauchen zu viel Plastik! Mehrere Millionen Tonnen landen jedes Jahr durch verschmutzte Flüsse und Schiffe im Meer. Auch alte Fischernetze treiben durch die Ozeane.

Das Problem mit dem Müll

Meerestiere wie Wale, Schildkröten und Fische verwechseln das Plastik leider immer wieder mit ihrer Beute. Wenn sie es fressen, verhungern sie. Denn die Tiere haben zwar den Magen voll, können aber nichts davon verdauen.

Was ist Mikroplastik?

Nicht nur große Teile wie Verpackungen und Trinkflaschen sind ein Problem: Plastik zerfällt im Wasser mit der Zeit in immer kleinere Stücke. Dieses Mikroplastik verteilt sich überall im Meer. Wir müssen die Ozeane schützen und Materialien nutzen, die sich in der Natur auflösen können!

→ *Das können wir tun!*

1. ***Weniger Kleidung kaufen***
Oft ist darin viel Kunststoff enthalten. Beim Waschen gelangt er ins Abwasser. Wir sollten lieber länger tragen, was schon im Schrank liegt.

2. ***Eigene Tasche oder Rucksack mitbringen***
So können wir beim Einkaufen alles verstauen und sowohl Plastik- als auch Papiertüten vermeiden.

3. ***Auf Inhalts-Stoffe achten***
Viele Shampoos, Cremes und andere Kosmetik-Artikel enthalten Mikroplastik oder Plastik in flüssiger Form. Wörter wie Polymer oder der Wortteil *Poly-* verraten es.

Mit dem Quallen-Taxi durch den Ozean

Hier ist Teamwork angesagt

Krabben, die auf Quallen reiten? Algen, die Quallen füttern? Das gibt es wirklich! Wenn zwei unterschiedliche Arten von Lebewesen zusammenleben und sich dabei gegenseitig unterstützen, nennt man das eine Symbiose. Das klingt kompliziert, es gibt aber eine ganz einfache Regel: Beide müssen etwas davon haben.

Qualle auf dem Kopf

Die Mangroven-Qualle lebt kopfüber am Meeresboden. Moment mal, also verkehrt herum? Ganz genau! Der Grund? In ihren Tentakeln haben sich bestimmte Algen eingenistet. Im Schutz der giftigen Nesselzellen tanken sie jede Menge Sonnenlicht, das sie zum Leben und Wachsen brauchen. Bei ihrem Stoffwechsel entstehen wiederum Stoffe, die sich die Qualle nur allzu gerne schmecken lässt. Das lohnt sich für beide!

Ein gutes Team

So ähnlich läuft es auch im Quallensee in Palau: Forschende haben beobachtet, dass die Quallen täglich eine kleine Reise durch den See machen. Von morgens bis abends schwimmen sie gezielt von einem Ende des Salzsees zum anderen. Während dieser Wanderung drehen sich die Tiere gegen den Uhrzeigersinn. Das machen sie vermutlich für ihre mikroskopisch kleinen Mitbewohner. Denn auch in ihrem Gewebe leben winzige Algen. Die Quallen sorgen mit ihrer Wanderung dafür, dass die Algen möglichst viel Sonnenlicht zum Leben bekommen. Im Gegenzug geben die Algen dann Energie und Nährstoffe an die Quallen ab.

LEBEN AM GRUND
Mangroven-Quallen findet man zum Beispiel in flachen tropischen Lagunen. Dort leben sie dicht beisammen und kommen in großen Mengen vor.

GEMEINSAM UNTERWEGS
Eine rosa Wurzelmund-Qualle und ihre kleinen Mitbewohner ziehen durchs Meer.

Im Fisch-Kindergarten

Manche Tiere nutzen Quallen als Surfbrett, Wohnmobil oder Taxi, um bequem durch die Meere zu reisen. Krabben, Würmer, Fische und Hummerlarven leben dabei auf der Qualle oder ganz nahe bei ihr. Sie bekommen nicht nur eine Mitfahrgelegenheit, sondern auch Schutz durch die Tentakel – und ab und zu sogar Essen. Sie stehlen der Qualle nämlich ganz einfach Beute, die zwar schon gefangen, aber noch nicht verspeist ist. Ganz schön clever! Dafür greifen einige Fische, etwa die Stachelmakrele, Feinde der Qualle an. Die Kanonenkugel-Qualle ist besonders beliebt: Sie kann mit bis zu zehn verschiedenen Fischarten eine Symbiose eingehen.

Andere können das auch!

Auch See-Anemone und Clownfisch leben in einer perfekten Symbiose: Mit ihren giftigen Nesselzellen schützt die Anemone ihren Partner vor anderen Fischen. Dem Clownfisch macht das Gift nichts aus. Er verteidigt seine Anemone vor Fressfeinden, hält ihre Tentakel sauber und fächert ihr mit seinen Flossen wichtigen Sauerstoff zu.

Alarm in der Tiefsee

Die Qualle* Atolla wyvillei *lebt in der Tiefsee und erzeugt ihr eigenes Licht. Dabei hat sie einen genialen Trick auf Lager.

FRISS LIEBER WEN ANDERES!
Die Qualle nutzt das Leuchten zur Verteidigung. Wird sie angegriffen, leuchtet sie rot auf. Gleichzeitig erzeugt sie blau blinkendes Licht, das sich rasch in kreisrunden Wellen über ihren Schirm ausbreitet. Das soll größere Raubtiere anlocken.
Die Idee dahinter: Alle angelockten Raubfische sind verwirrt und bekämpfen sich gegenseitig, während die Qualle sich aus dem Staub macht. Das brachte ihr ihren deutschen Spitznamen ein: Alarmqualle.

AHA

Bionik – was ist das denn?

Die Wissenschaft der Bionik nimmt Baupläne oder Bewegungen aus dem Tierreich als Vorbild, um damit technische Geräte zu bauen. Der Begriff setzt sich zusammen aus den beiden Wörtern Biologie und Technik. Ein Beispiel für Bionik kennst du ganz bestimmt: Es ist der Klettverschluss. Die Funktionsweise hat man sich bei der Klette abgeguckt, also bei einer Pflanze.

Robo-Qualle

Bei Quallen abgeguckt

Quallen haben kein Gehirn – trotzdem können wir etwas von ihnen lernen. Denn sie sind ziemlich energiesparend unterwegs.

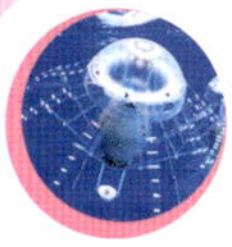

AquaJelly

Größe	etwa 30 Zentimeter Durchmesser
Gewicht	etwa 800 Gramm
Geschwindigkeit	Quallen-Speed, also eher langsam
Ernährung	Die Batterien müssen regelmäßig aufgeladen werden.
Einsatzgebiet	bisher nur in einem Pool zu Forschungszwecken

Nicht schnell, aber mit Ausdauer

Mit ihren wenigen Muskeln ziehen Quallen ihren Schirm zusammen. Danach dehnt er sich von alleine wieder aus. Mehr müssen die Tiere nicht tun, um gemütlich durch die Meere zu gleiten – und zufällig fangen sie dabei auch noch Beute. Forschende haben herausgefunden, dass dieser Rückstoß-Antrieb der Quallen zu den sparsamsten Fortbewegungsarten aller Tiere gehört. Jäger wie Haie, Robben oder Wale sind viel schneller – brauchen dafür aber auch viele Muskeln und jede Menge Energie.

Wie funktioniert ein Quallenroboter?

Eine deutsche Firma hat einen Quallenroboter gebaut. Mit acht Tentakeln kann er durchs Wasser schwimmen. Ein kleiner Elektromotor im Inneren treibt die Bewegung an. Soll der Roboter namens AquaJelly in eine bestimmte Richtung schwimmen, kann ein kleines Gewicht zur Seite bewegt werden. Normalerweise liegt es in der Mitte der Maschine. So lässt sie sich gezielt steuern. Diese bei Quallen abgeschaute Technik kann übrigens auch in der Luft eingesetzt werden. Die gleiche Firma baute einen Ballon, der mit Tentakeln ausgestattet ist.

Quallen-Motor

Ein Erfinder aus Frankreich hat Quallen außerdem als Vorbild für einen Bootsmotor genommen. Sein Gerät hat keine beweglichen Propeller mehr, an denen sich Menschen und Tiere verletzen könnten. Eine Gummiplatte am Motor bewegt sich wie der Schirm einer Qualle hin und her. Weil das sehr schnell passiert, erzeugt das einen Wasserstrom, der ein kleines Boot antreiben kann.

Sag mal …

Malik, 10 Jahre

»Wofür könnte man Roboterquallen nutzen?«

»In Zukunft könnte man sie als Messgeräte im Meer einsetzen. Sie schwimmen dann selbstständig durch die Ozeane und liefern Forschenden wertvolle Informationen, zum Beispiel zur Wassertemperatur.«

Wer hat dieses Buch geschrieben?

»Wir sind an Orten gewesen, die wir ohne das Tauchen nie gesehen hätten.«

UNSERE AUTOREN
Manchmal suchen Floh 1 und Uli 2 unter Wasser Schiffswracks, tauchen durch überflutete Höhlen – oder sie beobachten Quallen!

Im Gespräch mit …

Uli Kunz, Meeresbiologe und Forschungstaucher
Dr. Florian Huber, Unterwasser-Archäologe und Forschungstaucher
Uli und Floh tauchen schon seit Jahren gemeinsam und erforschen die Welt unter Wasser.

WIESO WOLLTET IHR ÜBER QUALLEN SCHREIBEN?

FLOH: Quallen sind einfach spannende, vielfältige und wunderschöne Lebewesen! Aber das wissen noch nicht so viele Menschen.
ULI: Ich wäre gerne eine Qualle. Kein Hirn, aber trotzdem den ganzen Tag am Futtern und Tauchen! Darüber mussten wir einfach ein Buch machen.

WELCHE QUALLE MÖGT IHR AM LIEBSTEN?

FLOH: Also ich finde vor allem Quallen aus der Tiefsee toll. Besonders die, die so abgefahren bunt leuchten.
ULI: Ich finde Staatsquallen am verrücktesten. Man weiß ja nie, worauf man da eigentlich guckt. Oder ob das Ding nicht vielleicht auch auf mich schaut und sich fragt, was hier eigentlich los ist.

WAS GEFÄLLT EUCH AM BESTEN AN EUREM BERUF?

FLOH: Dass er so abwechslungsreich ist! Kein Tag ist wie der andere.
ULI: Ich mag es, dass wir so viel unterwegs sind. Man sieht viel von der Welt. Ich tauche übrigens lieber in kalten Fjorden als in warmem Wasser.

Bildquellennachweis:
Festo SE & Co. KG: Inh.-Verz.um, 46; **GEOMAR:** 38-39om (ROV Team Helmholtz-Zentrum für Ozeanforschung Kiel); **Getty:** Inh.-Verz.r (Alexander Semenov/Cultura RM Exclusive), 10ur (The Asahi Shimbun), 34-35o (Alexander Semenov/Cultura RM Exclusive); **Huber, Florian:** 48Hg., 48um; **Javidpour, Jamileh:** 12ol; **Kroll, Chris:** 43o; **Kunz, Uli:** 2ur, 14or (Ruderfusskrebs); **Nature Picture Library:** 12-13m (Shane Gross), 27ur (Alex Mustard), 36-37m (Paul Marcellin/MYN), 39 (David Shale), 44-45 (Jordi Chias); **picture alliance:** Inh.-Verz. om (Warnschild: Chris Caldicott/Design Pics), 3 (David Wrobel/OKAPIA), 5 (Stefan Sauer/ZB), 6-7 (Paulo de Oliveira/Avalon.red), 11o (TETSUJI ASANO/ASSOCIATED PRESS), 17ur (Thomas Müller), 20or (Ingo Arndt/Minden Pictures), 21m (Norbert Wu/Minden Pictures), 26um (David Wrobel/Okapia), 27ol (rkBox/Shotshop), 27ul (Franco Banfi/WaterFrame), 28r (NHPA/photoshot/A.N.T. PHOTO LIBRARY), 28um (Warnschild: Chris Caldicott/Design Pics), 33mr (D. P. Wilson/Minden Pictures/FLPA), 42ur (P. Oxford/WILDLIFE); **Shutterstock:** Inh.-Verz.ul (BlueOrange Studio), 8or (Colleen Michaels), 11ur (InkheartX), 16r (Johan Larson), 20ml (Markus Stappen), 22ol (Karajohn), 22-23m (scubadesign), 24-25 (Ratikova), 27or (Graeme Snow), 29mr (Seewespe: Fon Duangkamon), 30-31 (Ethan Daniels), 32-33o (Chai Seamaker), 32mr (Julie Rubacha), 33ur (Sahara Frost), 37or (HannaTor), 40 (Willyam Bradberry); **Teuscher, Nanje:** 48ul; **Wikipedia:** 8-9m (CC BY-SA 4.0 Deed/Whidou), 15ml (Feuerwalze: CC BY-SA 3.0 Deed/Nick Hobgood), 18-19 (PD/Stefan Siebert), 37m (PD/NOAA/OER/Image courtesy of Islands in the Sea 2002); **Wrobel, David:** 21om

Vorsatz: AdobeStock: (angel)

Umschlagfotos: Shutterstock: U1 (She travels the world), U4 (Smit)

Gestaltung: Tessloff Verlag
Lektorat: Lisa Hebler
Grafik: Martina Green
Bildredaktion: Julia Kitzig, Die Bildbeschaffer GmbH
Drucker: Livonia Print

Burgschmietstraße 2-4, 90419 Nürnberg

qualitaet@tessloff.com
www.tessloff.com

ISBN 978-3-7886-7705-3

MIX
Papier | Fördert gute Waldnutzung
FSC® C002795

✓ Hab ich schon. ✗ Brauch ich noch!